BEI GRIN MACHT SICH IHR WISSEN BEZAHLT

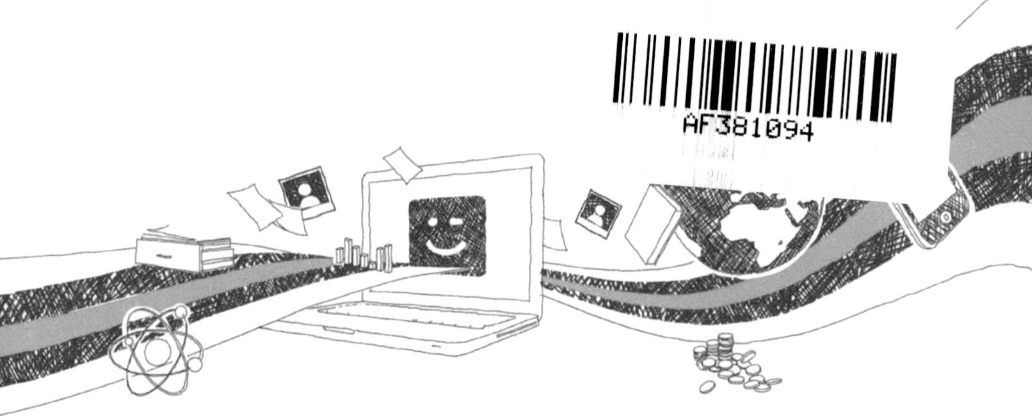

- Wir veröffentlichen Ihre Hausarbeit, Bachelor- und Masterarbeit

- Ihr eigenes eBook und Buch - weltweit in allen wichtigen Shops

- Verdienen Sie an jedem Verkauf

Jetzt bei www.GRIN.com hochladen und kostenlos publizieren

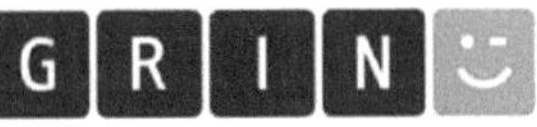

Ernst Probst

Rita Hayworth - Die "Venus des Atomzeitalters"

GRIN Verlag

Bibliografische Information der Deutschen Nationalbibliothek:

Die Deutsche Bibliothek verzeichnet diese Publikation in der Deutschen National-
bibliografie; detaillierte bibliografische Daten sind im Internet über http://dnb.d-
nb.de/ abrufbar.

Dieses Werk sowie alle darin enthaltenen einzelnen Beiträge und Abbildungen
sind urheberrechtlich geschützt. Jede Verwertung, die nicht ausdrücklich vom
Urheberrechtsschutz zugelassen ist, bedarf der vorherigen Zustimmung des Verla-
ges. Das gilt insbesondere für Vervielfältigungen, Bearbeitungen, Übersetzungen,
Mikroverfilmungen, Auswertungen durch Datenbanken und für die Einspeicherung
und Verarbeitung in elektronische Systeme. Alle Rechte, auch die des auszugsweisen
Nachdrucks, der fotomechanischen Wiedergabe (einschließlich Mikrokopie) sowie
der Auswertung durch Datenbanken oder ähnliche Einrichtungen, vorbehalten.

Impressum:

Copyright © 2012 GRIN Verlag, Open Publishing GmbH
Druck und Bindung: Books on Demand GmbH, Norderstedt Germany
ISBN: 978-3-656-15921-6

Dieses Buch bei GRIN:

http://www.grin.com/de/e-book/191139/rita-hayworth-die-venus-des-atomzeitalters

GRIN - Your knowledge has value

Der GRIN Verlag publiziert seit 1998 wissenschaftliche Arbeiten von Studenten, Hochschullehrern und anderen Akademikern als eBook und gedrucktes Buch. Die Verlagswebsite www.grin.com ist die ideale Plattform zur Veröffentlichung von Hausarbeiten, Abschlussarbeiten, wissenschaftlichen Aufsätzen, Dissertationen und Fachbüchern.

Besuchen Sie uns im Internet:

http://www.grin.com/

http://www.facebook.com/grincom

http://www.twitter.com/grin_com

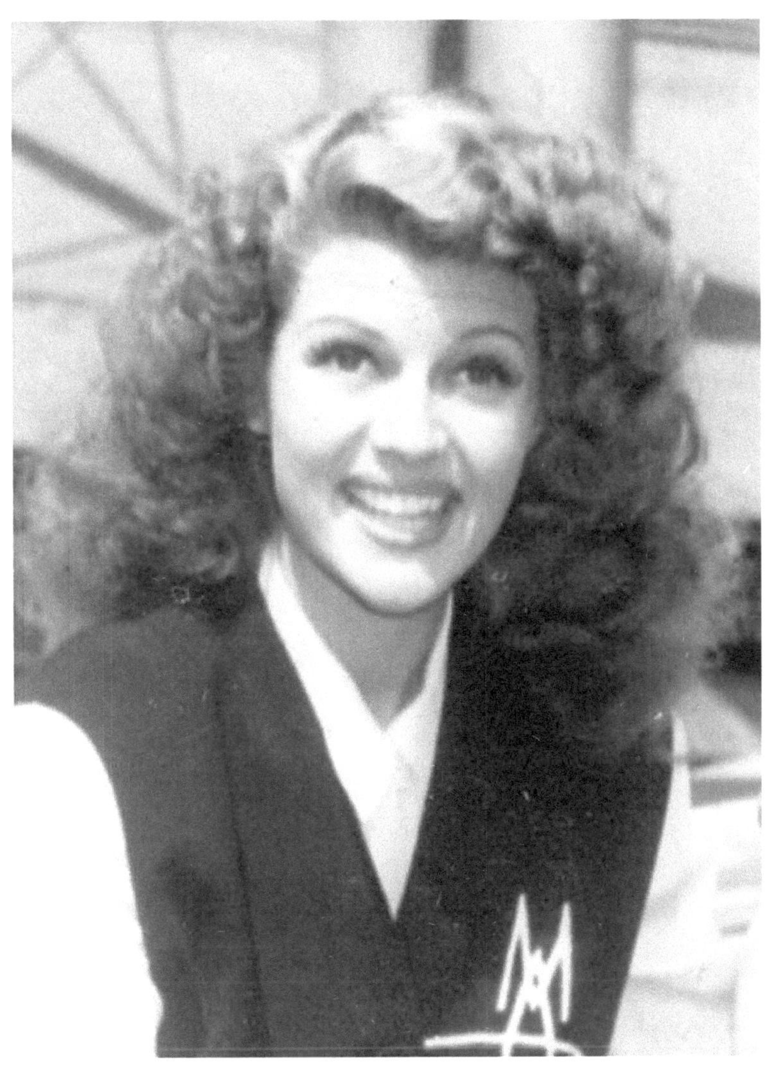

Rita Hayworth (1918–1987)

Ernst Probst

Rita Hayworth

Die „Venus
des Atomzeitalters"

Beate Werner,
Bernd Werner,
Marianne Werner,
Otto Werner,
Sonja Werner,
Dr. Jochen Werner,
Christine Werner und
Steffen Werner
gewidmet

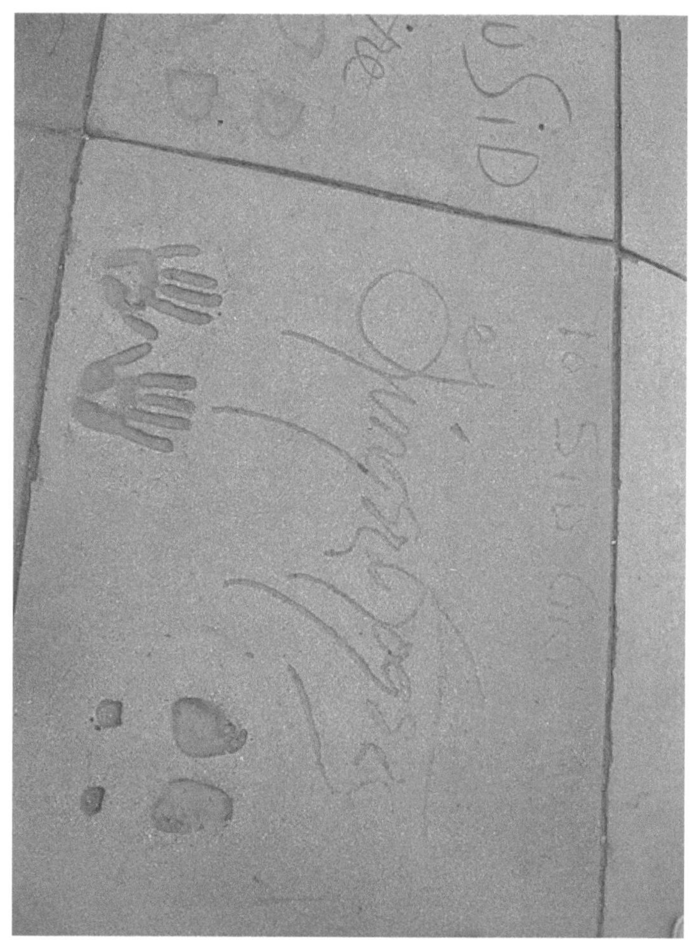

*Hand- und Fußabdrücke von Ginger Rogers
vor dem Kino „Grauman's Chinese Theatre" in Hollywood*

Rita Hayworth

Die „Venus des Atomzeitalters"

Hollywoods Liebesgöttin" der 1940-er Jahre war die amerikanische Filmschauspielerin und Tänzerin Rita Hayworth (1918–1987), geborene Margarita Carmen Cansino. Ihren Ruf als Inbegriff der Sinnlichkeit verdankte sie ihrem offenen Lächeln, ihren blitzenden Augen und ihrer Figur. In Wirklichkeit litt sie unter extremer Scheu und mangelndem Selbstbewusstsein, was sie durch enorme Disziplin, harte Arbeit und großen Ehrgeiz zu überwinden versuchte.

Margarita Carmen Cansino wurde am 17. Oktober 1918 als erstes Kind eines Künstlerpaares im New Yorker Stadtteil Brooklyn geboren. Ihr aus Spanien stammender Vater Eduardo Cansino (1895–1968) arbeitete erfolgreich als Tänzer. Ihre aus England eingewanderte Mutter trug den Mädchennamen Volga Hayworth und hatte als Showgirl gearbeitet. Margarita war die Cousine von Ginger Rogers (1911–1995) und Pilar Cansino. Auf Wunsch ihres Vaters erhielt Margarita bereits als Vierjährige täglich Unterricht im Ballett-, Stepp- und spanischem Tanz.

1927 zog die Familie Cansino nach Los Angeles (Kalifornien), wo Margaritas Vater als Tanzlehrer und

Choreograph für die Filmstudios in Hollywood arbeitete. Das Mädchen ging in Los Angeles zur Schule und nahm Schauspiel- und Tanzunterricht. Als Margarita zwölf Jahre alt war, gab ihr Vater an, sie sei schon 14, um sie von der Schule nehmen und als seine Tanzpartnerin in Theatern und Clubs auftreten lassen zu können. Die Beiden nannten sich „The Dancing Cansinos". Damals überwachte der Vater jeden ihrer Schritte

Laut einer Legende soll der bekannte „Margarita Cocktail" in den 1930-er Jahren nach Margarita Carmen Cansino benannt worden sein. Damals tanzte sie in einem Nachtclub in Tijuana (Mexiko).

Dank ihrer ungewöhnlichen Schönheit fiel die knapp 17-jährige Margarita Carmen Cansino in Agua Caliente (Mexiko) dem Produktionschef des amerikanischen Filmstudios „20th Century Fox" auf. Er lud sie zu Probeaufnahmen nach Hollywood ein, bei denen sie überzeugte. Anschließend gab man ihr eine Nebenrolle in dem Streifen „Dante's Inferno" („Das Schiff des Satans", 1935). Darin spielte sie unter dem abgekürzten Namen „Rita Cansino" an der Seite von Spencer Tracy (1900–1967) eine Tänzerin. Danach erhielt sie einen kurzfristigen Vertrag.

Unter dem Namen „Rita Cansino" spielte sie zehn Neben-rollen. Unter anderem verkörperte sie eine geheim-nisvolle orientalische Dienerin in dem Kriminalfilm „Charlie Chan in Egypt" („Charlie Chan in Ägypten", 1935). Darin klärte der damals beliebte chinesische Meisterdetektiv „Charlie Chan" einen Mord auf.

Weil dem Filmproduzenten Harry Cohn (1891–1958) von „Columbia" ihr Name Cansino nicht gefiel, trat „Rita Cansino" in dem Film „Criminals of the Air" (1937) erstmals unter dem Künstlernamen „Rita Hayworth" auf. Dieses Pseudonym beruhte auf dem Mädchen-namen ihrer Mutter Volga Hayworth.

1937 heiratete Margarita Cansino den texanischen Ölmagnaten Edward C. Judson, der sie managte. Im Mai 1942 wurde sie von ihm geschieden.

Von 1939 bis 1948 hörte man Rita Hayworth in zahlreichen Radioshows der USA. Einen der ersten Auftritte dieser Art hatte sie am 29. Mai 1939 in der Folge „Only Angels Have Wings" von „The Lux Radio Theatre", wo sie mehrfach mitwirkte.

Zur ersten herausragenden Rolle auf der Kinoleinwand kam Rita Hayworth durch einen Vertrag mit dem Filmstudio „Columbia", für das sie in der Fliegerkomödie „Only Angels Have Wings" („Nur Engel haben Flügel", 1939) des amerikanischen Regisseurs Howard Hawks (1896–1977) mitwirkte. In diesem Streifen spielte Cary Grant (1904–1986) die Hauptrolle des raubeinigen Chefs einer Fluglinie, die Post über die Anden transportiert. Rita mimte seine ehemalige Freundin, die immer noch eine Schwäche für ihn hat.

1941 sah man Rita Hayworth zusammen mit Tyrone Power (1913–1958) in „Blood and Sand" („König der

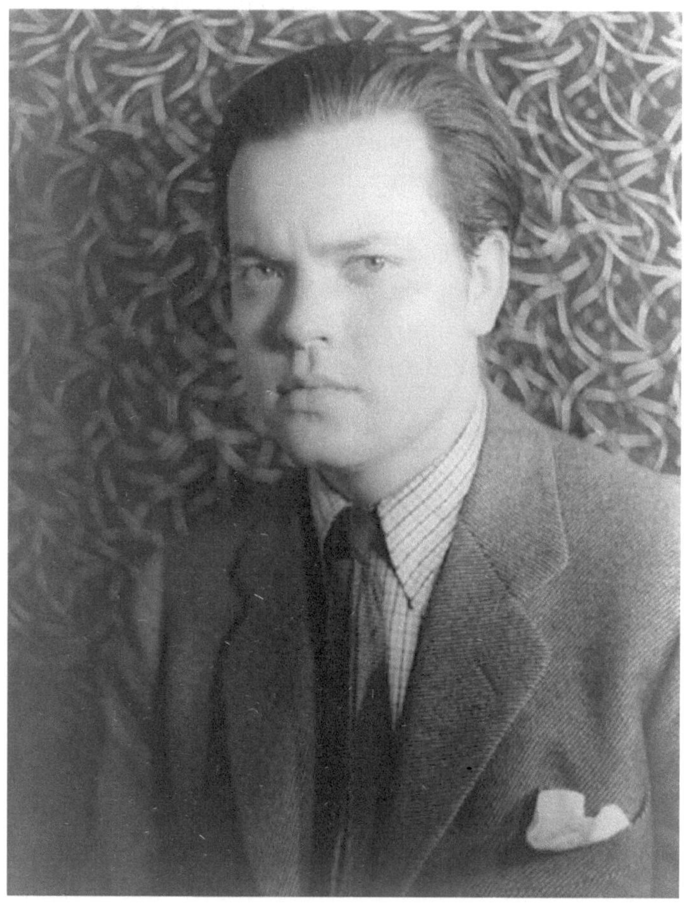

Orson Welles (1915–1985),
Foto von Carl Van Vechten (1880–1964)
vom 1. März 1937

Toreros") und mit Fred Astaire (1899–1987) in „You'll Never Get Rich" („Reich wirst du nie"). 1942 folgte „You Were Never Lovelier" („Du warst nie berückender") mit Fred Astaire. Ursprünglich war Rita die erste Wahl für die weibliche Hauptrolle des Kultfilms „Casablanca" (1942), aber sie musste wegen anderer Projekte absa-gen.

Im September 1943 schloss die damals 24-jährige Rita Hayworth ihre zweite Ehe mit dem Filmschauspieler und -regisseur Orson Welles (1915–1985), die bis Dezember 1948 hielt. Von ihm stammt die 1944 geborene Tochter Rebecca Welles. Ebenfalls 1944 sah man Rita in „Cover Girl" („Es tanzt die Göttin") mit Gene Kelly (1912–1996).

Der Film „Gilda" (1946) des aus Ungarn stammenden amerikanischen Regisseurs Charles Vidor (1900–1959) begründete den Ruf von Rita Hayworth als „Hollywoods Liebesgöttin". Darin mimte sie eine New Yorker Tänzerin, die mit provokativer Sinnlichkeit, erotischer Schönheit und professionellem Tanztalent ihren früheren Mann – dargestellt von Glenn Ford (1916–2006) – zurückgewinnen und mit ihm ein ruhiges Ehe- und Familienleben aufbauen wollte.

Zu den Filmen von Rita Hayworth aus den 1940-er Jahren gehörten außerdem „The Strawberry Blonde" („Schönste der Stadt", 1941), „My Gal Sal" („Die Königin vom Broadway", 1942), „Tonight and Every Night" („Music Box Girls", 1945), „Down to Earth"

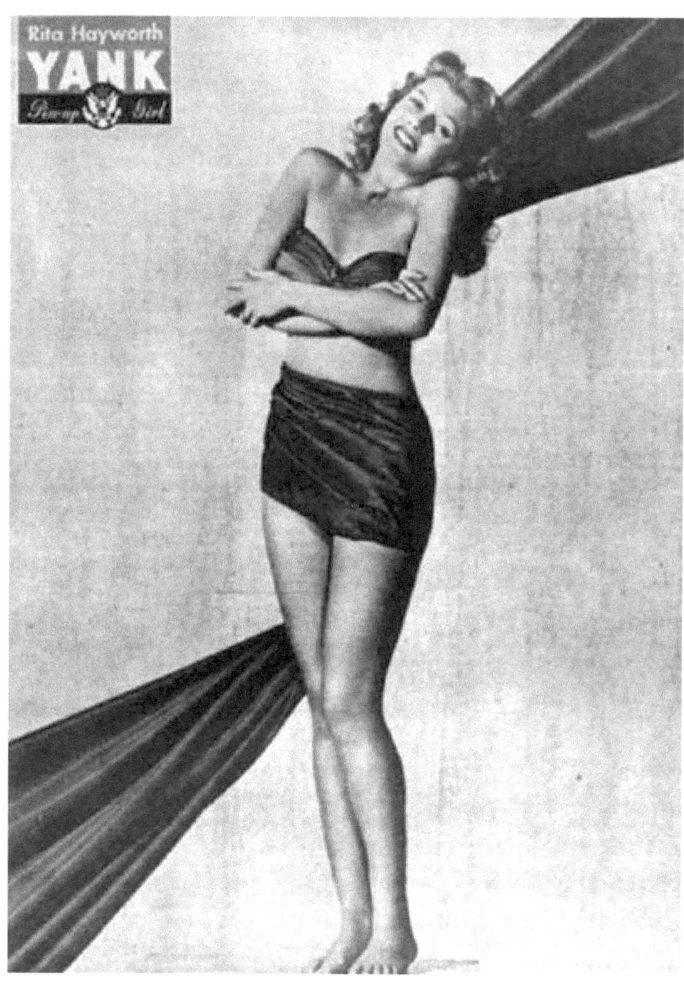

Rita Hayworth auf der Titelseite
von „Yank, the Army Weekly" vom 7. Juli 1944

(„Eine Göttin auf Erden", 1947) und „The Lady from Shanghai" („Die Lady von Shanghai", 1947).
Im US-Magazin „LIFE" vom 11. August 1941 erschien das wohl berühmteste Pin-up-Foto von Rita Hayworth. Neben einer Aufnahme von Betty Grable (1916–1973) gilt das erwähnte Bild der Hayworth als beliebtestes Pin-up amerikanischer Soldaten im Zweiten Weltkrieg. Auf diesem Foto präsentiert sich Rita in einem seidenen, spitzenbesetzten Negligé in aufreizender Pose kniend auf ihrem Bett . Jene Aufnahme wurde 1946 auf eine Atombombe geklebt, welche die Amerikaner auf dem Bikini-Atoll testeten. Angeblich war die Hayworth deswegen am Boden zerstört. „LIFE" bezeichnete Rita Hayworth 1947 als „Liebesgöttin von Amerika" und widmete ihr und dem Film „Down to Earth" einen langen Leitartikel. In diesem Streifen mimte sie eine Göttin, die zur Erde kommt. Während der 1940-er Jahre schmückte Rita viermal das Titelbild von „LIFE". Ebenso häufig wurde bis dahin nur US-Präsident Franklin D. Roosevelt (1882–1945) auf dem Cover von „LIFE" abgebildet. Insgesamt sah man Rita fünfmal auf dem Titel von „LIFE".
Schlecht kam dagegen der Kriminalfilm „The Lady from Shanghai" bei Kritikern und Kinopublikum an. Darin war Rita Hayworth als reiche und böse Elsa Bannister mit blonder Kurzhaarfrisur zu sehen. In dieser Rolle verstrickte sie den in sie verliebten Seemann Michael O'Hara (verkörpert von Orson Welles) in ein Netz aus

Intrigen und Affären. Dieser Streifen wurde zunächst ein Riesenflop und entwickelte sich erst lange nach der Aufführung zum Filmklassiker.

Jahrelang war Rita Hayworth als Cover- und Pin-up-Girl das Idol vieler amerikanischer Soldaten. Man nannte sie „Miss Dynamit" und „Die Venus des Atomzeitalters".

Im Mai 1949 schloss Rita Hayworth vor dem kommunistischen Bürgermeister von Vallauris bei Cannes in Südfrankreich ihre dritte Ehe mit dem Playboy Prinz Ali Khan (1911–1960), dem Sohn von Aga Khan III. (1877–1957), dem geistlichen Oberhaupt der Ismaeliten. Sieben Monate später kam 1949 die Tochter Prinzessin Jasmin zur Welt. Während dieser Ehe wurde die Filmkarriere der Hayworth zeitweise unterbrochen. Sie war bei „Columbia" in Ungnade gefallen, weil sie es abgelehnt hatte, in dem Western „Lorna Hanson" mitzuwirken, der letzten Endes aber nie gedreht wurde. Es entstand lediglich ein Dokumentarfilm über die Flitterwochen von Rita mit ihrem damaligen Ehemann. 1951 kam es zur Trennung und 1953 zur Scheidung des Paares.

1952 sah man Rita Hayworth in „Affair in Trinidad" wieder im Kino und danach in der Bibelverfilmung „Salome" (1953) sowie in dem Dirnen-Drama „Miss Sadie Thompson" („Fegefeuer", 1953).

Im September 1953 heiratete Rita Hayworth den in den USA sehr populären argentinischen Sänger Dick

Haymes (1916–1980). Diese vierte Ehe wurde im Dezember 1955 geschieden.

Zum Teil von Rita Hayworth's Leben inspiriert wurde die Handlung des Filmdramas „Die barfüßige Gräfin" (1954) mit Ava Gardner (1922–1990) in der Titelrolle. Diese Geschichte handelt von der spanischen Tänzerin Maria Vargas, die zum gefeierten Hollywood-Star aufsteigt.

Nach der Scheidung von Haymes schien es so, als wäre die Filmkarriere von Rita Hayworth bereits zu Ende. Sichtlich gealtert kehrte sie in „Fire Down Below" („Das Spiel mit dem Feuer", 1957) auf die Kinoleinwand zurück. Es folgten das Musical „Pal Joey" (1957), ihr Lieblingsfilm „Separate Tables" („Getrennt von Tisch und Bett", 1958), der Western „They Came to Cordura" („Sie kamen nach Cordura", 1959) und die „The Story on Page One" („Sensation auf Seite 1", 1959).

Im Februar 1958 wagte Rita Hayworth die fünfte Ehe mit dem Filmproduzenten James Hill. Sie endete im September 1961 mit der Scheidung. Trotz ihrer fünf Ehen und fünf Scheidungen sowie ihres Rufes als Liebesgöttin verhielt sich Rita privat sehr zurückhaltend.

Kritiker bescheinigten Rita Hayworth für einige Streifen aus den späten 1950-er Jahren die Wandlung vom „Glamour Girl" zur Charakterdarstellerin. Doch damit und mit den folgenden Filmen konnte sie die früheren Erfolge nicht mehr fortsetzen.

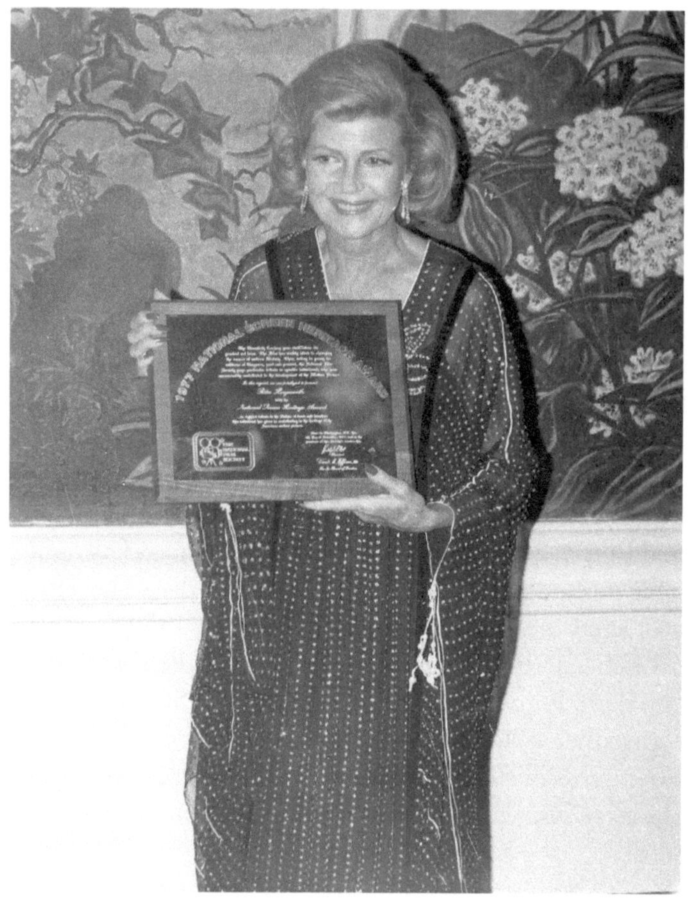

Rita Hayworth bei der Verleihung
des „National Screen Heritage Award" 1977,
Foto von Alan Light

Während der 1960-er Jahre drehte Rita Hayworth ein halbes Dutzend Filme. In dem Drama „Circus World" („Circus-Welt", 1964) im Milieu der Hochseilartisten spielte sie neben John Wayne (1907–1979) und Claudia Cardinale. Zwischen 1953 und 1976 hatte sie etliche Fernsehauftritte als Gaststar.

Die lange Liste mit rund 60 Filmen von Rita Hayworth nennt für die 1970-er Jahre drei Titel: „The Road to Salina" („Straße nach Salina", 1970), „The Naked Zoo" (1971) und „The Wrath of God" („Zum Teufel mit Hosianna", 1972). In dem Drama „The Road to Salina" mimte sie eine verrückte Mutter. Als tief religiöse Mutter eine verrückten Verbrechers sah man sie in „The Wrath of God".

1977 machte Rita Hayworth nach Alkoholexzessen eine Entziehungskur. Ihrem starken Alkoholkonsum schrieb man zunächst ihre Gedächtnisverluste zu, doch zu Beginn der 1980-er Jahre wurde bekannt, dass Rita an der unheilbaren Alzheimer-Krankheit, einer fort-schreitenden Degeneration der Großhirnrinde, litt. 1981 unterstellte man sie unter die Vormundschaft ihrer Tochter Prinzessin Jasmin Aga Khan, die sie zu sich zuhause in New York aufnahm und sich rührend um sie kümmerte.

Am 14. Mai 1987 starb Rita Hayworth im Alter von 68 Jahren in New York City. Sie wurde auf dem Friedhof „Holy Cross Cemetery" in Culver City (Kalifornien) zur letzten Ruhe gebettet. Ihre Tochter Prinzessin Jasmin

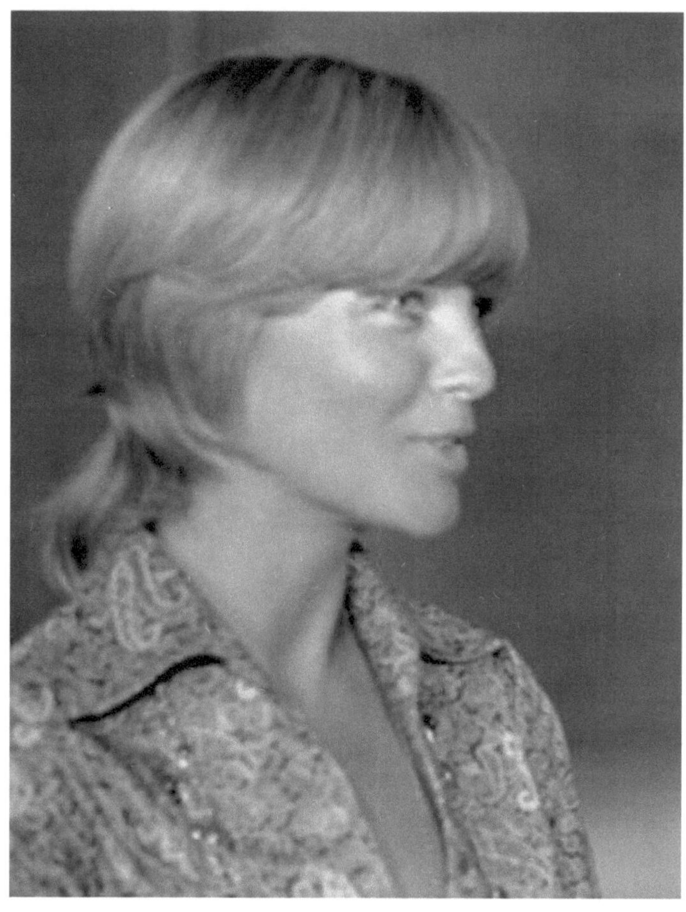

*Für Romy Schneider (1938–1982)
war Rita Hayworth ein Vorbild*

Aga Khan engagiert sich im Kampf gegen die Alzheimer- Krankheit. Sie erinnert durch jährliche „Rita Hayworth Galas" in New York City und Chicago an ihre Mutter und sammelt dabei Spenden für die Erforschung der Alzheimer-Krankheit.

In der Liste der 25 größten weiblichen Filmlegenden aller Zeiten des „American Film Institute" liegt Rita Hayworth auf Platz 19. Für ihr Lebenswerk erhielt sie mehrere Aufzeichnungen: 1977 „National Screen Heritage Award", 1978 „Valentino d'Oro" und „Miss Wonderful Award" sowie 2009 postum „AFI Dallas Award". An sie erinnert auch ein Stern auf dem „Hollywood Walk of Fame".

Rita Hayworth ist auch einer der vielen Stars, die in dem Song „Vogue" von Madonna erwähnt werden. In mindestens zwei Songs des Albums „Get Behind Me Satan" (2005) der Rockband „The White Stripes" ist ebenfalls ihr Name zu hören. Jack White, der Sänger dieser Band, erklärte, dass Rita Hayworth seine Inspirationsquelle beim Schreiben der Lieder für dieses Album gewesen sei.

Für viele berühmte Filmstars in den USA und in Europa war und ist Rita Hayworth ein großes Vorbild. In Interviews und Autografien äußerten sich Barbra Streisand, Shirley MacLaine, Senta Berger, Romy Schneider, Claudia Cardinale, Sophia Loren, Anita Ekberg, Nicole Kidman und Jennifer Lopez begeistert über sie.

Filme von Rita Hayworth

Anfangs trat die Schauspielerin unter dem Namen
Rita Cansino auf. Ab „Criminals of the Air" (1937)
verwendete sie den Künstlernamen Rita Hayworth.

1934: Cruz Diablo (Auftritt nicht bestätigt)
1935: Das Schiff des Satans (Dante's Inferno)
1935: Die Peitsche der Pampas (Under the Pampas
Moon)
1935: Charlie Chan in Ägypten (Charlie Chan in
Egypt)
1935: Paddy O'Day
1936: Gefährliche Fracht (Human Cargo)
1936: Meet Nero Wolfe
1936: Lady von Californien (Rebellion)
1937: Waffenschmuggel in Louisiana (Old Louisiana)
1937: Hit the Saddle
1937: Carmen in Texas (Trouble in Texas)
1937: Criminals of the Air (erstmals als Rita
Hayworth)
1937: Girls Can Play
1937: The Game That Kills
1937: Paid to Dance
1937: The Shadow
1938: Who Killed Gail Preston?

1938: Special Inspector
1938: There's Always a Woman
1938: Convicted
1938: Juvenile Court
1938: The Renegade Ranger
1939: Homicide Bureau
1939: The Lone Wolf Spy Hunt
1939: S.O.S. Feuer an Bord (Only Angels Have Wings)
1940: Music in My Heart
1940: Blondie on a Budget
1940: Susan und der liebe Gott (Susan and God)
1940: The Lady in Question
1940: Angels Over Broadway
1941: Schönste der Stadt (The Strawberry Blonde)
1941: Der Herzensbrecher (Affectionately Yours)
1941: König der Toreros (Blood and Sand)
1941: Reich wirst du nie (You'll Never Get Rich)
1942: Sechs Schicksale (Tales of Manhattan)
1942: Die Königin vom Broadway (My Gal Sal)
1942: Du warst nie berückender (You Were Never Lovelier)
1944: Music Box Girls (Tonight and Every Night)
1946: Gilda (Gilda)
1947: Eine Göttin auf Erden (Down to Earth)
1947: Die Lady von Shanghai (The Lady from Shanghai)
1948: Liebesnächte in Sevilla (The Loves of Carmen)
1952: Affäre in Trinidad (Affair in Trinidad)

1953: Salome (Salome)
1953: Fegefeuer (Miss Sadie Thompson)
1957: Das Spiel mit dem Feuer (Fire Down Below)
1957: Pal Joey (Pal Joey)
1958: Getrennt von Tisch und Bett (Separate Tables)
1959: Sie kamen nach Cordura (They Came to
Cordura)
1959: Sensation auf Seite 1 (The Story on Page One)
1962: Rendezvous in Madrid (The Happy Thieves)
1964: Circus-Welt (Circus World)
1965: Goldfalle (The Money Trap)
1966: Mohn ist auch eine Blume (The Poppy Is Also
a Flower)
1967: Ich komme vom Ende der Welt
(L'Avventuriero)
1968: Der Bastard (I Bastardi)
1970: Die Straße nach Salina (Road to Salina)
1971: The Naked Zoo
1972: Zum Teufel mit Hosianna (The Wrath of God)

Quelle: Wikipedia und Internet Movie Database

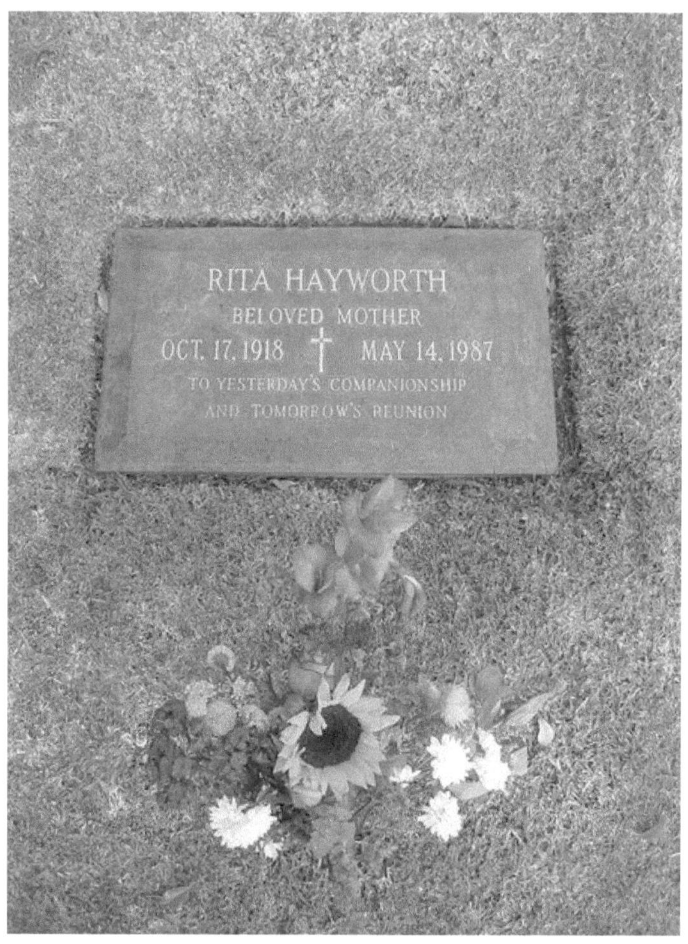

Grab von Rita Hayworth auf dem Friedhof
„Holy Cross Cemetery" in Culver Cirty (Kalifornien)

Zitate von Rita Hayworth

Alles, was ich wollte, war das, was jeder will, Sie wissen schon, geliebt zu werden.

Die Ehe ist ein viel zu interessantes Experiment, um es nur einmal zu versuchen.

Ich finde, dass alle Frauen eine gewisse Eleganz an sich haben, welche jedoch verschwindet, sobald sie sich ihrer Kleider entledigen.

Ich hatte nicht alles im Leben. Ich hatte zu viel!

Ich hielt mich nie für eine Sexgöttin, sondern vielmehr für eine Komödiantin, die tanzen konnte.

Sensibel, schüchtern – natürlich war ich das. Der Spaß an der Schauspielerei ist es, jemand anderes zu werden.

Meine Männer glaubten, sie seien mit einer Göttin liiert. Eines Morgens wachten sie auf und fanden mich vor.

Menschen, an denen nichts auszusetzen ist, haben nur einen, allerdings entscheidenden Fehler: Sie sind uninteressant.

Was auch immer Sie über mich schreiben, machen Sie
es nicht traurig.

Was mich im Leben überrascht, sind nicht die Ehen,
die scheitern, sondern die, die bestehen bleiben.

Wenn man liebt, ist man am Leben, man ist von
Bedeutung.

Wir sind alle an unser Schicksal gebunden und es gibt
keinen Weg uns davon zu lösen.

Literatur

FEMBIO Frauen-Biographie-Forschung
http://www.fembio.org
HEINZLMEIER, Adolf / SCHULZ, Bernd / WITTE, Karsten: Die Unsterblichen des Kinos, Band 2, Glanz und Mythos der Stars der 40er und 50er Jahre,
INTERNET MOVIE DATABASE
(Film-Datenbank) http://www.imdb.com
LODE, Imke: Rity Hayworth. Aus: PUSCH, Luise (Herausgeberin): Berühmte Frauen, Kalender 1998, Frankfurt am Main 1997
PEARY, Gerald: Rita Hayworth. Ihre Filme, ihr Leben, München 1981
PROBST, Ernst: Superfrauen 7 – Film und Theater, Mainz-Kostheim 2001
PUBLIKUMSLIEBLINGE NICHT NUR VON GESTERN http://www.steffi-line.de
Internetseite von Stephanie D'heil, Düsseldorf
WIKIPEDIA (Online-Lexikon) http://wikipedia.org
WINNERT, Derek (Herausgeber): Rita Hayworth. Aus: Kino. Die große Welt der Filme und Stars, S. 101, Niedernhausen 1995

Bildquellen

Klaus Benz, Fotograf, Mainz-Laubenheim: 32

Bundesarchiv, B 145 Bild-F034157-0009 / Engelbert Reineke / CC-BY-SA: 18 (via Wikimedia Commons), lizensiert unter CreativeCommons-Lizenz by-sa-3.0-de http://creativecommons.org/licenses/by-sa/3.0/de/ legalcode

Alan Light von 1977/CC-BY2.0/ http://www.flickr.com/photos/alan-light/210965401: 16 (via Wikimedia Commons), lizensiert unter CreativeCommons-Lizenz by-2.0-de http://creativecommons.org/licenses/by/2.0/ legalcode

National Archives and Records Administration (Foto eines Beamten oder Angestellten einer US-Regierungsbehörde von 1942): 1

Library of Congress, Prints and Photographs Division, Van Vechten Collection, Washington (Foto des amekanischen Schriftstellers und Fotografen Carl Van Vechten (1880–1964) vom 1. März 1937): 10

Phorpus: 6 (via Wikimedia Commons): Lizenz: gemeinfrei

Yank, the Army Weekly (Titelbild vom 7. Juli 1944): 12

Illa Zilla/CC-BY-SA3.0: 24 (Wikimedia Commons), lizensiert unter CreativeCommons-Lizenz by-sa-3.0-de http://creativecommons.org/licenses/by-sa/3.0/ legalcode

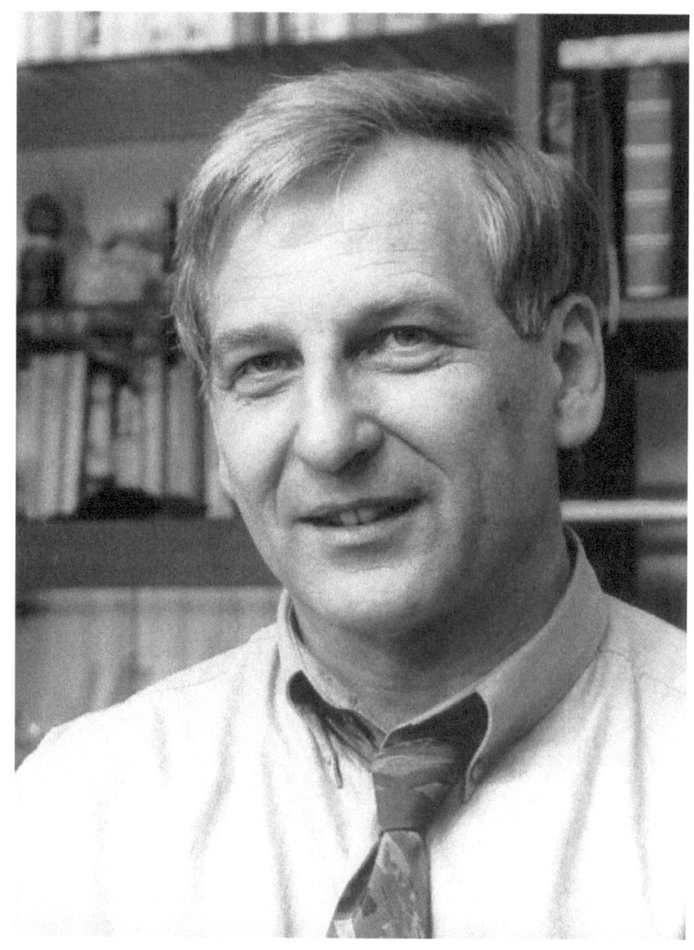

Autor Ernst Probst

Der Autor Ernst Probst

Ernst Probst, geboren am 20. Januar 1946 in Neunburg vorm Wald im bayerischen Regierungsbezirk Oberpfalz, ist Journalist und Wissenschaftsautor. Er arbeitete von 1968 bis 1971 als Redakteur bei den „Nürnberger Nachrichten", von 1971 bis 1973 in der Zentralredaktion des „Ring Nordbayerischer Tageszeitungen" in Bayreuth und von 1973 bis 2001 bei der „Allgemeinen Zeitung", Mainz. In seiner Freizeit schrieb er Artikel für die „Frankfurter Allgemeine Zeitung", „Süddeutsche Zeitung", „Die Welt", „Frankfurter Rundschau", „Neue Zürcher Zeitung", „Tages-Anzeiger", Zürich, „Salzburger Nachrichten", „Die Zeit", „Rheinischer Merkur", „Deutsches Allgemeines Sonntagsblatt", „bild der wissenschaft", „kosmos", „Deutsche Presse-Agentur" (dpa), „Associated Press" (AP) und den „Deutschen Forschungsdienst" (df). Aus seiner Feder stammen die Bücher „Deutschland in der Urzeit" (1986), „Deutschland in der Steinzeit" (1991), „Rekorde der Urzeit" (1992), „Dinosaurier in Deutschland" (1993 zusammen mit Raymund Windolf) und „Deutschland in der Bronzezeit" (1996). Von 2001 bis 2006 betätigte sich Ernst Probst als Buchverleger sowie zeitweise als internationaler Fossilienhändler und Antiquitätenhändler. Insgesamt veröffentlichte er rund 200 Bücher, Taschenbücher, Broschüren und E-Books.

Bücher von Ernst Probst

(Auswahl)

Als Mainz noch nicht am Rhein lag

Annie Oakley
Die Meisterschützin des Wilden Westens

Archaeopteryx. Der Urvogel
aus Bayern

Christl-Marie Schultes. Die erste Fliegerin in Bayern
(zusammen mit Theo Lederer)

Cortés und Malinche. Der spanische Eroberer
und seine indianische Geliebte

Der Europäische Jaguar

Der Mosbacher Löwe
Die riesige Raubkatze aus Wiesbaden

Der Rhein-Elefant
Das Schreckenstier von Eppelsheim

Die nordische Bronzezeit in Deutschland

Die Hügelgräber-Kultur in Deutschland

Die ältere Bronzezeit in Nordrhein-Westfalen

Die Bronzezeit in der Lüneburger Heide

Die Stader Gruppe in der Bronzezeit

Die Oldenburg-emsländische Gruppe

Die Urnenfelder-Kultur in Deutschland

Die ältere Niederrheinische Grabhügel-Kultur

Die Unstrut-Gruppe

Die Helmsdorfer Gruppe

Die Saalemündungs-Gruppe

Die Lausitzer Kultur in Deutschland

Die Dolchzahnkatze Megantereon

Die Dolchzahnkatze Smilodon

Die Säbelzahnkatze Homotherium

Die Säbelzahnkatze Machairodus

Die Schweiz in der Frühbronzezeit

Die Rhône-Kultur in der Westschweiz

Die Arbon-Kultur in der Schweiz

Die Schweiz in der Mittelbronzezeit

Die Schweiz in der Spätbronzezeit

Dinosaurier von A bis K. Von Abelisaurus
bis zu Kritosaurus

Dinosaurier von L bis Z. Von Labocania
bis zu Zupaysaurus

Eiszeitliche Geparde in Deutschland

Eiszeitliche Leoparden in Deutschland

Frauen im Weltall

Hildegard von Bingen. Die deutsche Prophetin

Höhlenlöwen. Raubkatzen
im Eiszeitalter

Julchen Blasius
Die Räuberbraut des Schinderhannes

Katharina II. die Große.
Die Deutsche auf dem Zarenthron

Johann Jakob Kaup
Der große Naturforscher aus Darmstadt

Königinnen der Lüfte in Deutschland

Königinnen der Lüfte in Europa

Königinnen der Lüfte in Amerika

Königinnen der Lüfte von A bis Z

Rund 70 Kurzbiografien berühmter Fliegerinnen,
Ballonfahrerinnen, Luftschifferinnen, Fallschirm-
springerinnen, Astronautinnen und Kosmonautinnen

Königinnen des Films

Königinnen des Tanzes

Königinnen des Theaters

Malende Superfrauen
Meine Worte sind wie die Sterne

Die Entstehung der Rede des Häuptlings Seattle
(zusammen mit Sonja Probst)

Monstern auf der Spur
Wie die Sagen über Drachen, Riesen
und Einhörner entstanden

Neues vom Ur-Rhein
Interview mit dem Geologen und Paläontologen
Dr. Jens Sommer

Österreich in der Frühbronzezeit

Österreich in der Mittelbronzezeit

Österreich in der Spätbronzezeit

Pompadour und Dubarry. Die Mätressen
von Louis XV.

Raub-Dinosaurier von A bis Z.
Mit Zeichnungen von Dmitry Bogdanav
und Nobu Tamura

Zenobia von Palmyra.
Eine Frau kämpft gegen die Römer

Bestellungen bei: http://www.grin.com